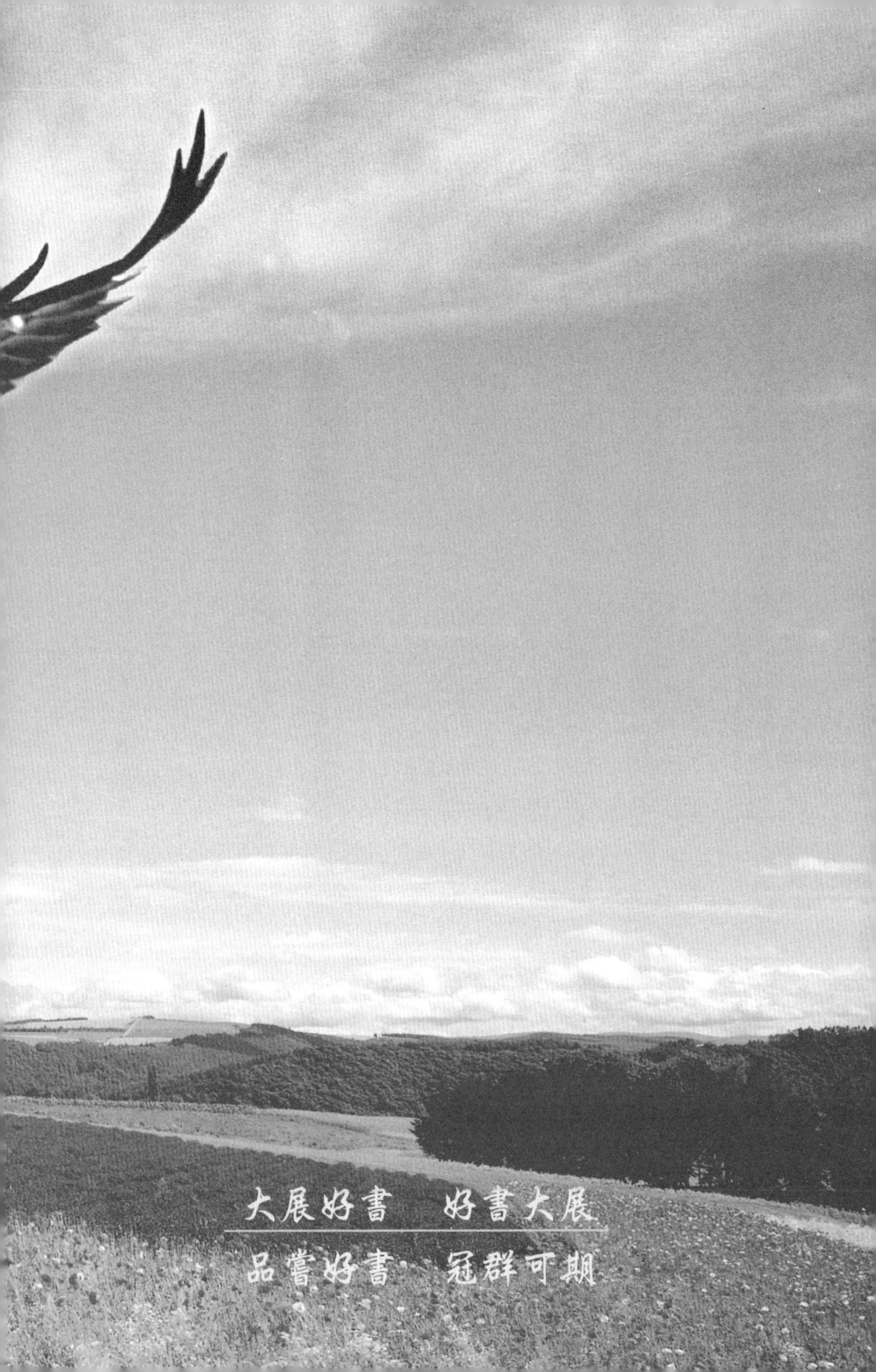
大展好書　好書大展
品嘗好書　冠群可期

大展好書　好書大展
品嘗好書　冠群可期

老拳譜新編20

教門彈腿圖說

吳志青 著

大展出版社有限公司

策劃人語

本叢書重新編排的目的，旨在供各界武術愛好者鑒賞、研習和參考，以達弘揚國術，保存國粹，俾後學者不失真傳而已。

原書大多為中華民國時期的刊本，作者皆為各武術學派的嫡系傳人。他們遵從前人苦心孤詣遺留之術，恐久而湮沒，故集數十年習武之心得，公之於世。叢書內容豐富，樹義精當，文字淺顯，解釋詳明，並且附有動作圖片，實乃學習者空前之佳本。

原書有一些塗抹之處，並不完全正確，恐為收藏者之筆墨。因為著墨甚深，不易恢復原狀，並且尚有部分參考價值，故暫存其舊。另有個別字，疑為錯誤，因存其真，未敢遽改。我們只對有些顯著的錯誤之處做了一些修改的工作；對缺少目錄和編排不當的部分原版本，我們根據內容進行了加工、調整，使其更具合理性和可讀性。有個別原始版本，由於出版時間較早，保存時間長，存在殘頁和短頁的現象，雖經多方努力，仍沒有辦法補全，所幸者，就全書的整體而言，其收藏、參考、學習價值並沒有受到太大的影響。希望有收藏完整者鼎力補全，以裨益當世和後學，使我中華優秀傳統文化傳承不息。

為了更加方便廣大武術愛好者對老拳譜叢書的研究和閱讀，我們對叢書做了一些改進，並根據現代人的閱讀習慣，嘗試著做了斷句，以便於對照閱讀。

由於我們水平有限，失誤和疏漏之處在所難免，敬請讀者予以諒解。

吳志青編

教門彈腿圖說

吳海天藏本

教门弹腿 闻说從口外傳 與精武彈腿 略有差異 名稱動作均有別 精武彈腿 總為十二路 刊有圖書及掛圖 另有彈腿精義一書 為中山盧煒昌先生著 對於彈腿奧理 闡發無遺 上海精武會定為基本教練 名會員務習之 且常練之 每一動作均合乎生理的肌肉發達 與此書並佳皆妙 可為健康寶筏 體育南針

海天附識

自序

武術一科，門類極繁，雖經名師教授，既詳且盡，然無專籍以資考證，無圖書以便仿效，隨時隨地，必不能得師資。此淺顯圖說，所以頗投俗好也。

彈腿一門，派別甚多，練法試法，各有不同，即論踢腿一式，亦有分別。彈腿有不過膝之稱，而本書所演踢腿式則不然，曰高踢、矮試（高踢，即練法，腿須踢平。矮試，即用法，須矮。何以故？即生理之變化。高踢，即胯骨可以展開，練成則運用自如）。一方對於生理上，各部肌肉骨絡，須十分開展，方能活動自如。夫然後則氣順，氣順則力足，力足則變化自生，漸臻神妙。循循演進，功效自不可言喻。

本會自聘楊奉真、于振聲兩先生掌教以來，傳授斯術。悉心研究，是以不及三月，成績優美，彰彰在人耳目。鄙人不敢自秘，爰編成淺顯說明，並繫以各圖，藉公同好。海內同志，當多嫻習於斯者，尚乞有以教之，並繩愆糾謬焉。幸甚幸甚。

中華民國十年七月　吳志青

序於上海中華武術會

編輯大意

一、予於民國四年春，識于師振聲於江蘇省體育傳習所。從之學藝，未及匝月，于師即受南京高師之聘赴寧。民國八年，予創辦武術會於滬上，又蒙于師介紹馬先生子貞、楊先生奉真來申教授武術。于、楊、馬三先生痛國人之積弱已久，皆因體育不講之故，於是遂出其教中秘不傳人之彈腿，廣為傳佈，以餉國人。此教門彈腿之所由作也。

二、本書所編十路彈腿，皆自各路單獨演習，故每路開始，皆係自西而東。

三、本書所以用各路分開，單獨演習，使學者專一練習，不致蹈博而不專之弊（**各路練習精熟後，均可連續演習**）。

四、本書每路之後，附以問答，或注意要項數則，一為姿勢上之疑問，二為生理上之功用，三為武術運用之巧妙。此為編者數年研究心得一二之處。貢諸同志。

五、本書所定一、二、三、四等口令，俾教授多數人，不但便於記憶，而秩序上亦收齊整之效。

六、本書第一路開始編成三動，習熟後可改為一動，至第十路休止式，亦如之。

七、各路演習次數之多寡，如欲休息，停止演習，須左式演完，至右式方可下停止口令（如一、三、五、七、九次數，均是左式）。

八、練習後須緩行數百步，不可驟然坐定休息，否則妨血液之運行。學者慎之。

舊有十路彈腿歌訣

崑崙大山世界傳，
名曰彈腿奥無邊。
頭路衝掃似扁擔，
二路十字人拉鑽，
三路蓋捶雙披打，
四路轉磨生奇關，
五路栽捶登來益，
六路堪管封畢然，

七路雙稱十字腿，
八路莊跺如轉環，
九路碰鎖重閂門，
十路栽花如箭彈。
世人莫看式法單，多踢多練係根源，臨陣自有防身護體壯膽。十路彈腿講究十個字：蹬、彈、蹦、踢、撐、磨、拔、盤、鉤、排。

教門彈腿圖說目次

教門彈腿圖說

行拳方位圖

背面

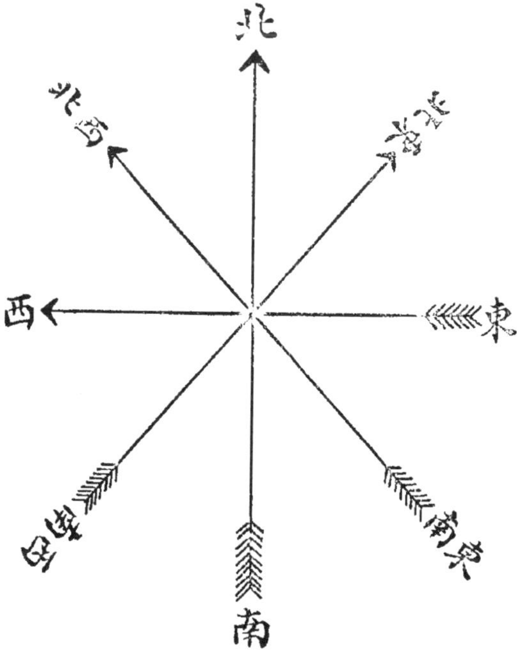

正面

第一路　衝掃似扁擔

開始式

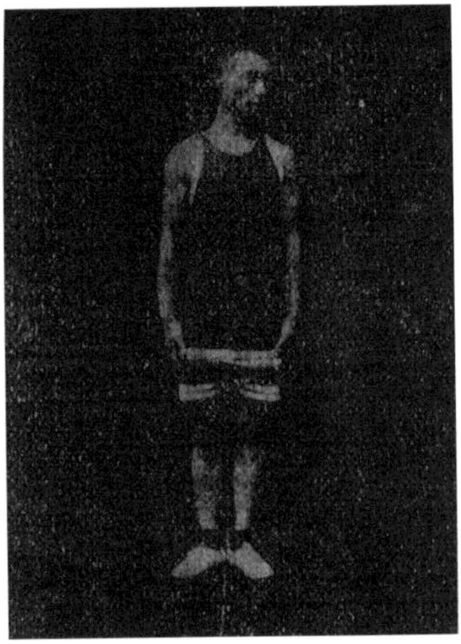

第一圖　立正式

立正式圖說

眼前視，頭宜正。上體及雙腿均宜伸，雙踵併齊，足尖外向，離開約九十度，雙手亦宜伸直，面南。如第一圖。

第二圖　開始式一

第三圖　開始式二

一、抱肘式

聞一（謂開口令一二三四之一數也），兩掌握拳，四指捲緊，大指扣住四指。迅速屈肘，置於腰間，雙肘向後。收小腹，挺胸膛。眼東視，面南。如第二圖。

二、雙拳平衝式

聞二，雙拳由腰間向南平衝，手背向上，兩虎口併緊，拳與肩齊。眼視東，面南。如第三圖。

三、雙札式

聞三，兩臂翻轉，由西向東下札，兩掌邊相切，兩肘貼近肋前。同時，左腳向東出一步，膝屈，腳尖稍向內；右腳挺直，腳尖稍向內。眼東視，成左弓右箭式，面南。如第四圖。

第四圖　開始式三

附問答

問：左弓右箭式如何？

答：簡稱弓式，即弓箭式。左弓右箭：左腳膝屈，似弓；右腳挺直，似箭，故曰左弓右箭式。反是，則曰右弓左箭式。

第五圖　左扁擔式

第一路　衝掃似扁擔

第一次左式

一、扁擔式

聞一，雙拳收回於肩前，即分東西衝出，似扁擔，兩拳眼斜向上。眼視左拳，腰直，肩鬆。順勢如第五圖。

第七圖　前掃式

第六圖　閃肘式

二、閃肘式

聞二，左臂即向西閃，平屈於胸前，左拳眼置於右肩前，手心向下；右臂不動，仍平舉於西。步位仍係左弓式，眼視東。如第六圖。

三、前掃後衝式

聞三，左臂伸直掃過膝前。身步仍不動。如第七圖。

第八圖　後衝式

第九圖　斫札式

即轉向西平舉，拳眼斜向上；同時，右拳由西收回至肋，向東衝出，與左乳平。同時，腰胯向北轉，右腿稍向東南移。順勢鬆開肩骨。眼視右拳。如第八圖。

四、斫札式

聞四，右臂翻轉手背，即往下札，上膊貼近右肋，手心向上，小臂向東斜下舉。眼平視東。如第九圖。

第十圖　提腿式

第十一圖　右踢腿式

五、踢腿式

聞五，兩臂姿勢不變。右腿向東，提平，小腿垂直，腳尖向下護襠。眼平視東方。如第十圖。

小腿迅即向東平踢，腳背須挺，右胯盡力向東。如第十一圖。

第十二圖　踢腿落下式

第十三圖　右扁擔式

右腿即落下，成右弓式。面向東，身向北。如第十二圖。

第二次右式

一、扁擔式

聞一，承上右弓式。右拳收回，從腰間向東衝出。眼東視右拳，仍右弓式。兩拳眼斜向上。如第十三圖。

第十四圖　閃肘式

第十五圖　前掃式

二、閃肘式

聞二，右臂即向西閃，平屈於胸前，右拳眼置於左肩前，手心向下；左臂仍不動，平舉於西。眼向東平視。如第十四圖。

三、前掃後衝式

聞三，右臂伸直掃過膝前。身步仍不動。如第十五圖。

第十六圖　後衝式

第十七圖　斫札式

即轉向西平舉，拳眼斜向上；同時，左拳由西收回至肋，向東衝出，與右乳平。同時，胯向南轉，左腿稍向東北移。順勢鬆開肩骨。眼視左拳。如第十六圖。

四、斫札式

聞四，左臂翻轉，手背即往下札，上膊貼近左肋，手心向上，小臂向東平舉。眼向東平視。如第十七圖。

第十八圖　提腿式

第十九圖　左踢腿式

五、踢腿式

聞五，兩臂姿勢不變。左腿向東提平，小腿垂直，腳尖向下護襠。眼平視東方。如第十八圖。

小腿迅即向東平踢，腳背須挺，左胯盡力向東。如第十九圖。

第二十圖　左弓式

第二十一圖　扁擔式

左腳即落下，成左弓式。面向東，身向南。如第二十圖。

第三次左式

一、扁擔式

聞一，承上左弓式。左拳收回，從腰間向東衝出。眼東視左拳。仍左弓式。如第二十一圖。

第二十二圖　閃肘式

第二十三圖　前掃式

二、閃肘式

聞二，動作同第一次左式。如第二十二圖。

三、前掃後衝式

聞三，動作與第一次左式前掃式同。如第二十三圖。

第二十四圖　後衝式

第二十五圖　斫札式

動作與第一次左式後衝式同。如第二十四圖。

四、斫札式

聞四，動作同第一次左式。如第二十五圖。

第二十六圖　提腿式

第二十七圖　踢腿式

五、踢腿式

聞五，動作與第一次右提腿式同。如第二十六圖。

動作與第一次右踢腿式同。如第二十七圖。

第二十八圖　休息式

停、休息式

聞停，右拳向東平衡；同時，左拳收回抱肘於腰間。即提平左腿，小腿垂直。眼平視右拳。如第二十八圖。

若連續第二路，則向西演進可也。或再演第一路，亦可向西演進。

第二十九圖　休止式一

第三十圖　休止式二

立正

一、休止式（一）

聞一，左足向西落地，成左弓式。左拳即由腰間衝出，與扁擔式同。如第二十九圖面西。

二、休止式（二）

聞二，左右拳向前平合，手背向上，兩虎口相切。同時，左腳收回，與右腳併攏，立正。如第三十圖。

三、休止式（三）

聞三，兩臂收回抱肘。如第三十一圖面北。

第三十一圖　休止式三

附問答

問：扁擔式，前拳高低，姿勢如何？

答：左右衝拳，前拳低與乳平，攻敵人之心房；後拳稍高與頂齊，係順前拳攻勢，不然則前拳無力，則身法亦滯而不靈矣。

問：閃肘法如何？

答：與敵交手，以實出以虛入，隨機變化。即兵法云：虛則實，實則虛之謂也。閃肘，須連腰帶胯速即轉正向下蹲於左（右）腳上，練成敏捷習慣。

問：斫劄如何不畫小圈？

答：若畫小圈，徒為形式，不能實用。練拳係講實用，只取應敵迅速，一翻即札可耳。

問：踢腿什麼要平踢？

答：練時須要踢平，則胯骨展開，筋絡伸長，則運動自如。用時則如彈弓然，一彈即收。非一成不變之姿勢可同日而語也。

第三十二圖　抱肘式

第三十三圖　衝拳式

第二路　十字人拉鑽

開始式

一、抱肘式

聞一，同第一路開始式。如第三十二圖面南。

二、衝拳式

聞二，左拳變鉤由東向北平摟至腰間，仍握拳，抱肘於腰。同時，左腳向東出一步，成左弓式，右腳向南稍移。右拳即由腰際衝出。如第三十三圖。

第三十四圖　左拉鑽式

第二路

第一次左式

一、左十字拉鑽式

聞一，右拳收回抱肘；同時，左拳向東衝出，與乳平，拳眼斜向上。同時，右腿提起，向東平踢即落下。面東，腰直，眼平視。如第三十四圖。

第三十五圖　右拉鑽式

第二次右式

二、右十字拉鑽式

聞二，左拳收回抱肘，右拳向東衝出，與乳平，拳眼斜向上。同時，提左腿向東平踢即落地。面東，腰直，眼平視。如第三十五圖。

第三十六圖　左拉鑽式

第三次左式

一、左十字拉鑽式

聞一，動作同第一次左式。

停、休息式

聞停口令，右拳向東衝出，與肩平；同時，左拳收回抱肘。即提左腿。眼視右拳，身向北。如第三十六圖。若連續第三路，則向西演進可耳。或再演第二路，亦向西進行。

第三十七圖　休息式

欲休止，則下立正令，動作與第一路同。

附問答

問：第二路姿勢如何？

答：不可低頭，不可屈背，不可聳肩，是為至要。

問：第二路動作如何？

答：拳之衝出，與收回及踢腿，須呵成一氣。

第三十八圖　抱肘式

第三十九圖　平衡式

第三路　蓋撞雙披打

開始式

一、抱肘式

聞一，動作同第一路開始式一。如第三十八圖。面南。

二、雙拳平衡式

聞二，動作同第一路開始式二。如第三十九圖。面南。

第四十圖　雙札式

第四十一圖　左扁擔式

三、雙札式

閆三，動作同第一路開始式三。如第四十圖。面南。

第三路

第一次左式

一、扁捶式

閆一，動作同第一路左扁擔式。如第四十一圖。

第四十二圖　蓋捶式一

第四十三圖　蓋捶式二

二、蓋捶式

聞二，左拳由東向上，往西蓋打；同時，右拳收回，置於腰間。同時，即變右弓式。眼視西。如第四十二圖。面南。

同時左拳，由西向下往東摔，拳眼斜向南；同時，右拳即向上沖，拳眼亦向南。面向東，眼平視。如第四十三圖。

第四十四圖　雙披式一

第四十五圖　雙披式二

三、雙披式

聞三，左拳由下往西與右臂平行。眼視東。如第四十四圖。

同時，轉身成左弓式。左拳即由西往上，向東披，拳眼斜向上；同時，右拳由西向上，往東向下扎，手心向上，左拳平舉於西。右腳稍移向南。如第四十五圖。

第四十七圖　踢腿落下式

第四十六圖　右踢腿式

四、踢腿式

聞四，動作與第一路右踢腿式同。如第四十六圖。

動作與第一路右踢腿落下式同。如第四十七圖。

第四十八圖　右扁擔式

第四十九圖　蓋捶式一

第二次右式

一、扁擔式

聞一，動作同第一路第二次右式。如第四十八圖。

二、蓋捶式

聞二，右拳由東向上往西蓋打；同時，左拳收回，置於腰間。同時，即變左弓式。眼視西。如第四十九圖。西北。

第五十圖　蓋捶式二

第五十一圖　雙披式一

同時，右拳西向下，往東捧，拳眼斜向北；同時，左拳即向上沖，拳眼亦向北。面向東，眼平視。如第五十圖。

三、雙披式

聞三，右拳由下往西，與左臂平行。眼視東。如第五十一圖。

第五十二圖　雙披式二

第五十三圖　左踢腿式

同時，轉身成右弓式。右拳即由西往上，向東披，拳眼斜向上；同時，左拳向上，往東向下扎，手心向上，左拳平舉於西。右腳稍移向北。如第五十二圖。

四、踢腿式

聞四，動作與第一路第二次右式左踢腿同。如第五十三圖。

第五十四圖　踢腿落下式

第五十五圖　左扁擔式

動作與第一路第二次右式左踢腿落下式同。如第五十四圖。

第三次左式

一、扁擔式

閘一，動作同第一路第三次左式扁擔式同。如第五十五圖。

第五十六圖　蓋捶式一

第五十七圖　蓋捶式二

二、蓋捶式

聞二，動作與第一次左式蓋捶式一同。如第五十六圖。

動作與第一次左式蓋捶式二同。如第五十七圖。

第五十八圖　雙披式一

第五十九圖　雙披式二

三、**雙披式**

聞三，動作與第一次左式雙披式一同。如第五十八圖。

動作與第一次左式雙披式二同。如第五十九圖。

第六十圖　踢腿式

第六十一圖　踢腿落下式

四、踢腿式

聞四，動作與第一路第一次右踢腿式同。如第六十圖。

動作與第一路第一次右踢腿落下式同。如第六十一圖。

第六十二圖　休息式

停、休息式

聞停，動作同第一路第三次左式停。如第六十二圖。

若連續第四路，則向西演進。或再演第三路，亦可向西進行。如欲休止，則下立正口令。動作與第一路同。

附問答

問：此節前後轉動，於實用上價值如何？

答：此節主要在前後盼顧，進能取，退能守。如前攻則後虛，而敵人則侵虛而入，故用後顧法，以首應之。兵法云：「常山之蛇，擊首則尾應，擊尾則首應，擊中則首尾相應。」此之謂也。其價值可知矣。

第六十三圖　抱肘式

第四路　轉磨生奇關

開始式

抱肘式

閫抱肘，動作同第一路開始式一。如第六十三圖。

第六十四圖　應手式

第一次左式

一、應手式

聞一，左腳向東北出一步，成左弓式，面身亦向東北。同時，左拳變鉤，向東北摟至腰間，仍抱肘；同時，右拳變掌，向東北出掌。右腳略向西南移。如第六十四圖。

第六十五圖　二虎登山式

第六十六圖　切掌式

二、二虎登山式

聞二，右掌收回，置於腰間；同時，向東北出左掌。踢右腿，如第六十五圖，即落地於東北。

三、切掌式

聞三，承腿落地，即向東北出右掌，收回左掌於腰間。如第六十六圖。面東北。

第六十七圖　倒叉步式
（側面向東）

第六十八圖　撐磨腿式

四、倒叉步式

聞四，左腳移至正南，倒叉於右腳之後，距離一腳。同時，左掌置於右大膊下，手心向東。面身向北。右掌向南。如第六十七圖。

五、撐磨腿式

聞五，右腳向東南撐磨，成左弓式。右掌收回，置於腰間；同時，即向西北出左掌。面向西北。如第六十八圖。

第六十九圖　切掌式

第七十圖　切掌式一
（摟腿）

六、切掌式

聞六，左掌收回，置於腰間；同時，右掌向西北出。步位不變，仍左弓式。如第六十九圖。

第二次右式

一、切掌式

聞一，右掌變鉤。同時，轉身向東南。右鉤順身沿腿平摟。如第七十圖。

第七十一圖　切掌式二

第七十二圖　二虎登山式

同時，成右弓式。即出左掌應手，右鉤即向後摟。左腳略向東北移，面東南。如第七十一圖。

二、二虎登山式

聞二，右掌收回置於腰間，同時，向東北出右拳。踢左腿，面北。如第七十二圖。即落於東南。

第七十三圖　切掌式

第七十四圖　倒叉步式
（側面向西）

三、切掌式

聞三，承腿落地，成左弓式。即向東南出左掌，收回右掌於腰間。面西。如第七十三圖。

四、倒叉步式

聞四，右腳移至正北，倒叉於左腳之後，距離一腳。同時，掌置於左大膊下，手心向東。面身向南。如第七十四圖。

第七十五圖　撐磨腿式

第七十六圖　切掌式

五、撐磨腿式

聞五，左腳向東北撐磨，成右弓式。左掌收回置於腰間；同時，即向西南出右掌。面向西南。如第七十五圖。

六、切掌式

聞六，右掌收回置於腰間，左掌向西南出。步位仍不變。如第七十六圖。

第七十七圖　切掌式一
（摟腿）

第七十八圖　切掌式二

第三次左式

一、切掌式

聞一，左掌變鉤。同時，轉身向東北。左鉤順身沿腿平摟。如第七十七圖。

同時，成左弓式。即出應手左鉤，即向後摟。右腳略向東南移，面東北。如第七十八圖。

第七十九圖　二虎登山式

第八十圖　停休息式

二、二虎登山式

聞二，動作同第一次左式二虎登山式。如第七十九圖。

停、休息式

聞停，右腳移至東落下，提左腿。同時，右鉤握拳，向東平衡；左掌變拳，抱肘。眼視右拳，身向北。如第八十圖。

若連續第五路，則向西演

進。或再演第四路，亦可向西進行。欲休止，則下立正口令。動作與第一路同。

附問答

問：四路應注意何項？

答：應手式：指尖向前，不可掌心向前。五指須靠緊，指與肩齊。同時，右（左）腳亦須斜向前移動。

二虎登山式：起腿須高彈。左、右、收、出，與腿須連環一氣。

切掌式：出掌緣向前，手心略向內，五指靠緊，指尖向上，倒交叉式。右（左）掌不變動。左（右）掌即置於大膊下，手掌向外。身體轉正。

撐磨腿式：腿須著地，用力掃去。而掌須切近臂膊脫出。收回之掌，掌緣貼腰，手心向上，指尖向前。

第八十一圖　抱肘式

第八十二圖　栽拳式

第五路　栽捶登來益

開始式

抱肘式

闖抱肘，動作同第一路開始式一。如第八十一圖。

第一次左式

一、栽拳式

闖一，左腳向東北出一步，成左弓式。同時，左臂向東北上

第八十三圖　雙扎式

第八十四圖　登來益式

挑，護前腦；右拳則東斜下栽，拳與乳平。身向北，眼視右拳。如第八十二圖。

二、雙扎式

聞二，左右拳猛向下扎，手心向上，右拳扎於小腹前，右肘貼於右肋，左拳置於腰間。面東，眼平視。如第八十三圖。

三、登來益式

聞三，提右腿，左腿挺直，腳尖向上，用腳底向東直踹。如第八十四圖。即向東南落地。

第八十五圖　栽拳式

第二次右式

一、栽拳式

聞一，承上右腿落地，即向東南成右弓式。同時，右臂向東南上挑，護前腦；左拳則東斜下栽，拳與乳平。身向南，眼視左拳。如第八十五圖。

第八十六圖　雙扎式

第八十七圖　登來益式

二、雙扎式

聞二，左右拳猛向下扎，手心向上，左拳扎於小腹前，左肘貼於左肋，右拳置於腰間。面東，眼平視。如第八十六圖。

三、登來益式

聞三，右腿挺直；提左腿，腳尖向上，用腳底向東南直踹。如第八十七圖。

第八十八圖　栽拳式

第八十九圖　雙扎式

第三次左式

一、栽拳式

聞一，左腿落地，即向東北，成左弓式。餘動作與第一次同。如第八十八圖。

二、雙扎式

聞二，動作與第一次左式同。如第八十九圖。

第九十圖　登來益式

第九十一圖　停休息式

三、登來益式

聞三，動作與第一次左式同。如第九十圖。

四、停休息式

聞停，承上右腿落地。即沖右拳，向東，左拳護腰。提左腿。眼視右拳。如第九十一圖。

若連續第六路，則向西演進。或再演第五路，亦可向西進行。如欲休止，則下立正口令。動作與第一路同。

附注意要項

一、拳衝出，須順勢移左（右）腳向前斜出。眼須前視。挑手位於腦前，與頭頂平。栽拳與挑手齊出，愈速愈妙。

二、踹腿向東北即向東南落，腳將落地迅速即將雙拳前挑後栽，連成一氣，方為合法。

三、踹腿法，舉膝小腿平屈，足尖向上，足心向東南，或東北直伸。氣力全在於足跟上。

第九十二圖　抱肘式

第六路　堪管封畢然

開始式

抱肘式

聞抱肘，動作同第一路開始式一。如第九十二圖。

第一次左式

一、應手式

聞一。左腳向東出一步，成左弓式。左拳變掌向東應手，右

第九十三圖　應手式

第九十四圖　看管式

臂伸直，拳即變鉤，即向後摟。身向東，眼平視。如第九十三圖。

二、看管式

聞二，左掌即閃回，平屈胸前。同時，撲左腿屈右膝。眼平視東。右臂平放仍鉤。如第九十四圖。

第九十五圖　前摟式

第九十六圖　後插式

三、前手摟後手插

聞三，左臂伸直，掌即變鉤，與左腿平行。面東。如第九十五圖。

即向北摟至西。同時，成左弓式。右鉤變掌即向東斜前插，手心向下，手指向東。如第九十六圖。

第九十七圖　砍掌式

第九十八圖　踢腿式

四、砍掌式

聞四，右掌翻轉，手心向上往下砍，右肘貼於右肋前。眼前視。左臂仍鉤不動。如第九十七圖。

五、踢腿式

聞五，動作與第一路第一次左式踢腿式同。如第九十八圖。即落地成左弓式。

第九十九圖　應手式

第一百圖　看管式

第二次右式

一、應手式

聞一，承上右腳落地。即出右掌，應手。成左弓式。如第九十九圖。

二、看管式

聞二，右掌即閃回，平出於胸前。同時，撲右腿屈左膝，眼平視。右鉤仍原式不動。如第一百圖。

第一百零一圖　前摟式

第一百零二圖　後插式

三、前手摟後手插

聞三，右臂伸直，掌即變鉤，與右腿平行。面東。如第一百零一圖。

即向南摟至西。同時，成左弓式。左鉤變掌，即向東斜前插，掌心向下，指尖向東。如第一百零二圖。

第一百零二圖　斫掌式

第一百零四圖　踢腿式

四、斫掌式

聞四，左掌翻轉，手心向上往下砍，左肘貼於左肋前。眼平視。右臂仍鉤不動。如第一百零三圖。

五、踢腿式

聞五，動作與第一路第二次右式踢腿式同。如第一百零四圖。即落地成左弓式。

第一百零五圖　應手式

第一百零六圖　看管式

第三次左式

一、應手式

聞一，承上腿落地。即出左掌，應手。成左弓式。右鉤仍直不變。如第一百零五圖。

二、看管式

聞二，動作與第一次左式同。如第一百零六圖。

第一百零七圖　前摟式

第一百零八圖　後插式

三、前摟式後插式

聞三，動作與第一次左式前摟式同。如第一百零七圖。

動作與第一次左式後插式同。如第一百零八圖。

第一百零九圖　斫掌式

第一百十圖　踢腿式

四、斫掌式

聞四，動作與第一次左式（四）同。如第一百零九圖。

五、踢腿式

聞五，動作與第一次左式（五）同。如第一百十圖。

第一百十一圖　停、休息式

停、休息式

聞停，動作與第一路休息式同。如第一百十一圖。

若連續第七路，則向西演進。或再演第六路，亦可向西進行。欲休止，則下立正口令。動作與第一路同。

附注意要項

應手：指端向前斜下，與乳房平。左右手須連環齊出，方可得首尾相應之效。

第一百十二圖　抱肘式

第七路　雙稱十字腿

開始式

抱肘式

聞抱肘，動作與第一路開始式同。如第一百十二圖。

第一次左式

一、前手摟後手扎式

聞一，左腳向東北出步。同時，兩拳變掌，由西南上角，成

第一百十三圖　前手摟後手扎式

第一百十四圖　應面式

陰陽和合掌，急向東北摟扎，左手摟至腰間，成抱肘式；右掌變拳，由上往下扎，手心向上，右大膊貼於肋。成左弓式，面東。如第一百十三圖。

二、應面式

聞二，左拳由腰間直向東北上角衝出，與鼻齊；同時，右扎拳收回，置於左腰間。如第一百十四圖。

第一百十五圖　黑虎搗心式

第一百十六圖　過頂式一

三、黑虎搗心式

聞三，右拳向東斜下衝出，拳與心齊；同時，左拳上架。面東。如第一百十五圖。

四、過頂式

聞四，雙拳變掌，右掌向上，與左掌交叉在頭頂上，手心向外。同時，轉體向左。如第一百十六圖。

第一百十七圖　過頂式二

第一百十八圖　雙稱腿式

同時，即向左右下落，合於臍前，兩掌緣相切。面向東，右腿提起。如第一百十七圖。

五、雙稱腿式

聞五，雙掌向東西撐開，左掌與頭頂齊，右掌與肩平。同時，左腿向東排出，腿伸直成九十度直角。全身向左轉，眼視東。如第一百十八圖。

第一百十九圖　前手摟後手扎式

第一百二十圖　應面式

第二次右式

一、前手摟後手扎式

聞一，右腿落地向東。右掌即向東南，摟至腰間成抱肘式；同時，左掌握拳，即向東下扎，左膊貼於肋，手心向上。如第一百十九圖。

二、應面式

聞二，右拳由腰間直向東南上角衝出，與鼻齊；同時，左扎拳收回，置於左腰間。如第一百

第一百二十一圖　黑虎搗心式

第一白二十二圖　過頂式一

二十圖。

三、黑虎搗心式

聞三，左拳向東斜下衝出，拳與心齊；同時，右拳上架。面東。如第一百二十一圖。

四、過頂式

聞四，雙拳變掌，左掌向上，與右掌交叉在頭頂上，手心向外。同時，轉體向右。如第一百二十二圖。

第一百二十四圖　雙稱腿式

第一百二十三圖　過頂式二

即向左右下落，合於臍前，兩掌緣相切。面向東，提起左腿。如第一百二十三圖。

五、雙稱腿式

聞五，雙掌向東西撐開，右掌與頭頂齊，左掌與肩平。同時，左腿向東排出，腿伸直成九十度直角，全身向右轉，眼視東。如第一百二十四圖。

第一百二十五圖　前手摟後手扎式

第一百二十六圖　應面式

第三次左式

一、前手摟後手扎式

聞一，左腿向東落地。左掌即向東北，摟至腰間，成抱肘式；同時，右掌握拳即向東下紮，右膊貼於肋前，手心向上。如第一百二十五圖。

二、應面式

聞二，動作與第一次左式二同。如第一百二十六圖。

第一百二十八圖　過頂式一

第一百二十七圖　黑虎搗心式

三、黑虎搗心式

聞三，動作與第一次左式三同。如第一百二十七圖。

四、過頂式

聞四，動作與第一次左式過頂式一同。如第一百二十八圖。

第一百二十九圖　過頂式二

第一百三十圖　雙稱十字腿式一

動作與第一次左式過頂式二同。如第一百二十九圖。

五、雙稱十字腿式

闖五，動作與第一次左式五同。如第一百三十圖。

第一百三十一圖　休息式

停、休息式

聞停，動作與第一路休息式同。如第一百三十一圖。

若連續第八路，則向西演進。或再演第七路，亦可向西練習。如欲休止，則下立正口令。

動作與第一路同。

附注意要項

武術制勝，多在進退。且進退之要，必須腰腿一致，以拳腳之動作為轉移，所行之動作貴速，以不誤拳腳制勝之機為合法。此節拳腳，務須全體一致。其發拳腳須有抨簧之靈，始收制勝之功也。

第八路　莊跺如轉環

預備

立正，抱肘，面南。如第二圖。

第一百三十二圖　右衝拳

第一次左式

一、右衝拳

聞一，左腳向東出一步，成左弓式。同時，左拳變掌，向東平摟至腰間抱肘；同時，右拳向東衝出。右腳稍向西南移，面身均向東。如第一百三十二圖。

第一百三十三圖　踢腿插掌式

第一百三十四圖　逢身打式

二、踢腿插掌

聞二，提右腿向東平踢。同時，右拳收回抱肘，左拳變掌，即向東插掌。面身均向東。如第一百三十三圖。

三、逢身打

聞三，承上踢腿插掌腿落地。即出右拳，向東直衝，右掌置於右肩前，手心向東。成右弓式，面向東。眼視右拳。如第一百三十四圖。

第一百三十六圖　雙稱十字腿式一

第一百三十五圖　雙手過頂式

四、雙手過頂

聞四，右拳變掌及左拳同時向上，成弧形，於頂前。左腳即收回成丁式，身向北。眼視西。如第一百三十五圖。

五、雙稱十字腿

聞一，兩掌向左右落下，相切於臍前，手心向上，兩肘貼於肋。身北向，眼視西，腰直。如第一百三十六圖。

第一百三十七圖　雙稱十字腿式二

第一百三十八圖　雙稱十字腿式三

雙手既相切即提左腿，身即直立。如第一百三十七圖。

雙掌即向東西平展。左腿即向西排出。右掌略高與頂齊，左掌略低與肩平，指尖均向前。腿須平，眼視西。如第一百三十八圖。

第一百三十九圖　右衝拳式

第一百四十圖　反踢腿式

第二次轉式

一、右衝式

聞一，腿落地。左掌收回抱肘，右掌握拳向西擊。膝屈成左弓式，面身均向西。如第一百三十九圖。

二、反踢腿

聞二，右拳收回抱肘，出左掌。同時，向西踢右腿，腰直胸挺，眼前視。如第一百四十圖。

第一百四十二圖　雙手過頂轉環式一

第一百四十一圖　回腿式

三、回腿式

聞三，承右腿踢出即向東回腿。同時，左掌收回抱肘，即出右拳，向西衝出。眼前視。如第一百四十一圖。

四、雙手過頂轉環式

聞四，兩拳變掌，同時由內向上成弧形，於頂前。身即向南轉正，彎膝盤腿，眼視東。如第一百四十二圖。

第一百四十三圖　雙手過頂轉環式二

第一百四十四圖　雙稱十字腿一

即將雙掌由東西落下，會於懷中。如第一百四十三圖。

五、雙稱十字腿

聞五，起身提左腿。眼視東。如第一百四十四圖。

第一百四十五圖　雙稱十字腿二

第一百四十六圖　右衝拳

同時，雙掌向東西平展。腿亦即向東西排出。如第一百四十五圖。

第三次左式

一、右衝拳

聞一，左腳向東出一步，成左弓式。同時，左掌向東，平摟至腰間抱肘；同時，右拳向東衝出。右腳稍向東南移，面身均向東。如第一百四十六圖。

第一百四十七圖　踢腿插掌式

第一百四十八圖　休息式

二、踢腿插掌

聞二，提右腿平踢。同時，右拳收回抱肘，左拳變掌即向東插掌。面身均向東。如第一百四十七圖。

停、休息圖

聞停，動作與第一路休息式同。如第一百四十八圖。

若連續第九路，則向西演進。或再演第八路，亦可向西練習。如欲休止，則下立正口令。動作與第一路同。

附注意要項

第八路腿，重在轉環一式，關於生理與技術及姿勢上均有莫大關係。茲說其三者，大端如下。

一、生理上。關於轉體之動作，屬腹腰兩部肌肉，內臟及腸胃之運動均賴之。故此種轉環動作能助消化，並能鍛鍊腹部肌肉，收效甚鉅。

二、技術上。練習身手，轉動自如；眼則前顧後盼，致不失制勝之機，洵為技術上必要之技能。其他長處甚多，無容道及也。

三、姿勢之難，亦以此節為最。如雙稱腿、轉環、盤腿等式，稍不注意，則生理上、技術上，不但無益，反而有害。何以故？姿勢不準確，則生理各部不得舒暢，反受壓迫之害。技術上，深恐誤入歧途，難求進步。倘使姿勢不確，實用時，定必發生自縛之弊，其害更大矣。

第一百四十九圖　撩掌丁式

第九路　碰鎖重閃門

撩掌丁式

聞預備，由立正抱肘式。即出左腿，向東足趾點地。同時，兩拳變掌，左掌由左胯外向東上撩掌，右掌由右腿前向西上撩掌，兩肘內扣，左掌指尖與鼻齊，右掌指尖與耳齊。右腿微屈，左腳丁。眼前視。如第一百四十九圖。

第一百五十圖　碰鎖抄掌一

第一百五十一圖　碰鎖踩步二

第一次左式

一、碰鎖踩步

聞一，左掌收回，屈平胸前；同時，右掌向左臂外緣上抄過。身體略轉向東，兩掌成鉤形。眼前視東。如第一百五十圖。

右掌即由上往下畫一弧形，左掌向下往上畫一弧形，相交於胸前。同時，右腳移向東南，提右腿。眼視東。如第一百五十一

第一百五十二圖　碰鎖跺步三

第一百五十三圖　縱閃門一

圖。

右腿往下跺，同時，身體蹲下，兩腳成九十度，腰直胸挺，眼視東。如第一百五十二圖。

二、縱閃門

聞二，雙掌上架。即提左腿，身體直立。眼前視。如第一百五十三圖。

第一百五十四圖　縱起空中二

第一百五十五圖　落地撩掌三

即落下迅起右腿，縱身向上騰空。雙掌即南北閃開，手心向前。是時胸須挺，腰宜直。眼視東。如第一百五十四圖。

即落右腿在前，左腿在後。惟右掌須由右腿外向東上撩掌，掌尖正對肩頭，左掌正對耳門，兩肘內扣。左膝微屈，右足尖點地，與左足成丁字形。腰直胸挺，眼視前，身向北。如第一百五十五圖。

第一百五十七圖　碰鎖跺步二　第一百五十六圖　碰鎖抄掌一

第二次右式

一、碰鎖跺步

閏一，右掌收回平屈胸前；同時，左掌由右臂外緣上抄過。身體略轉向東。兩掌成鉤形。眼前視。如第一百五十六圖。

左掌即由上往下畫一弧形，右掌由下往上畫一弧形，相交於胸前。同時，左腳移向東南，提左腿。眼視東。如第一百五十七圖。

第一百五十八圖　碰鎖跺步三

第一百五十九圖　縱閃門式一

左腿往下跺，同時，身體蹲下，兩腳屈成九十度，腰直胸挺，眼視東。如第一百五十八圖。

二、縱閃門

聞二，雙掌上架。即提右腿，身體直立。眼前視。如第一百五十九圖。

第一百六十圖　縱起空中二

第一百六十一圖　落地撩掌式

即落下，迅起左腿，縱身向上騰空。雙掌即南北閃開，手心向前。是時胸須挺，腰須直。眼視東。如第一百六十圖。

即落下左腿在前右腿在後。惟左掌須由左腿外向東上撩，掌尖正對肩頭，右掌尖正對耳門，兩肘內扣。右膝微屈，左足尖點地，與右足成丁字形。腰直胸挺，眼視前，身向北。如第一百六十一圖。

第一百六十二圖　碰鎖掌一

第一百六十三圖　碰鎖步二

第三次左式

一、碰鎖跺步

聞一，左掌收回，平屈胸前；同時，右掌由左臂外緣上抄過。身體略轉向東，兩掌成鉤形。眼前視。如第一百六十二圖。

右掌即由上往下畫一弧形，左拳由下往上畫一弧形，相交於胸前。同時，右腳移向東南，提右腿。眼視東。如第一百六十三

第一百六十五圖　縱閃門式一

第一百六十四圖　碰鎖步三

圖。

右腿往下跺，同時，身體蹲下，兩腳屈成九十度，腰直胸挺眼視東。如第一百六十四圖。

二、縱閃門

聞二，雙掌上架。即提左腿，身體直立。眼前視。如第一百六十五圖。

第一百六十七圖　落地撩掌三

第一百六十六圖　縱起空中二

即落下，迅起右腿縱身向上騰空。雙掌即南北閃開，手心向前。是時胸須挺，腰宜直。眼視東。如第一百六十六圖。

即落下右腿在前，左腿在後。惟右掌須由右腿外向東上撩，掌尖正對肩頭，左掌正對耳門，兩肘裡扣。左膝微屈，右足尖點地與左足成丁字形。腰直胸挺，眼視前，身向北。如第一百六十七圖。

第一百六十八圖　休息式

停、休息式

聞停，動作與第一路休息式同，惟掌變拳稍異耳。如第一百六十八圖。

若連續第十路，則向西演進。或再演第九路，亦可向西練習。如欲休止，則下立正口令。

動作與第一路同。

附注意要項

此節關於技術上，重在騰躍升降閃轉之技能；生理上，關於騰躍升降閃轉皆能激刺內臟器官之能力，並能輔助消化之功，洵為生理上必需之運動也。

第一百六十九圖　撩掌丁式

第十路　栽花如箭彈

開始式

預備，撩掌丁式

聞預備，由立正抱肘式。即出左腿向東，足趾點地。同時，兩拳變掌，左掌由左胯外，向東上撩，右掌由右腿前向西上撩掌，兩肘內扣，左掌尖與肩齊，右掌尖與頂齊。右腿微屈，左腳丁。眼前視。如第一百六十九圖。

第一百七十圖　栽花式一

第一百七十一圖　栽花式二

第一次左式

一、栽花式

聞一，左掌收回平屈右肩前。提左腿。眼視東。如第一百七十圖。

二、栽花式

聞二，左腿即落地，向東前進一步。左掌隨腿落下。右腳再進一步。同時，左掌由下往上挑。提左腿。右臂收回，置於腰間。如第一百七十一圖。

第一百七十二圖　箭彈腿式

第一百七十三圖　栽花式一

三、箭彈腿

聞三，左腿即落下，未著地時，即縱身向上，飛起右腿向東彈出。同時，右掌即由腰間射出。如第一百七十二圖。

第二次右式

一、栽花式

聞一，先右腿著地。即右掌收回平屈右肩前。提右腿。眼視東。如第一百七十三圖。

第一百七十四圖　栽花式二

第一百七十五圖　箭彈腿式

二、栽花式

聞二，右腳即落地向東前進一步。右掌隨腿落下。左腳再進一步。同時，右掌由下往上挑。提右腿。左臂收回置於腰間。如第一百七十四圖。

三、箭彈腿

聞三，左腿即落下未著地時，即縱身向上飛起左腿，向東彈出。同時，左掌即由腰間射出。如第一百七十五圖。

第一百七十六圖　栽花式一

第一百七十七圖　栽花式二

第三次左式

一、栽花式

聞一，先左腿著地。即左掌收回平屈右肩前。提左腿。眼視東。如第一百七十六圖。

二、栽花式

聞二，左腳即落地向東前進一步。左掌隨腿落下。右腳再進一步。同時，左掌由下往上挑。提左腿。右臂收回，置於腰間。如第一百七十七圖。

第一百七十八圖　箭彈腿

第一百七十九圖　休息式

三、箭彈腿

聞三，左腿即落下，未著地時，即縱身向上；飛起右腿，向東彈出。同時，右掌即由腰間射出。如第一百七十八圖。

停、休息式

聞停，先右腿著地。右撩掌丁式，即右掌變拳，向東平衡；同時，左掌收回抱肘於腰間。即提平左腿，小腿垂直。眼平視右拳。如第一百七十九圖。

若連續演進，亦可向西演

第一百八十圖　休止式一

第一百八十一圖　休止式二

進。或演其他各路均可。

總休止式

立正

一、休止式

聞一，左足向西落地，成左弓式。左掌即由腰衝出，與扁擔式同。如第一百八十圖。

二、休止式

聞二，左右拳向前平合，手背向上，兩虎口相切。同時，左腿收回，與右腳併攏立正。如第一百八十一圖。

三、休止式

閏三，雙拳收回抱肘。如第一百八十二圖。

第一百八十二圖　休止式三

附注意要項

此節動作，初學時分三動，習熟可合為一動，於技術上大有關係。略分數端如下，以供研究斯道者，有所參考焉。

一、此種演習，為養成矯捷之技能，如貓竄狗閃鷹翻等為此節之主腦，亦為技術上之要件。進能騰空竄進，避則左右閃轉，迎則鷹翻應敵，故不可拘於一二三之口令。習貴熟，學貴精，如是則合於武術之旨矣。

二、關於生理上。此種行進、騰躍、翻身、轉體，為生理上自然之動作，能增進全身彈力，實為衛生必備之運動也。

三、關於姿勢上。全部彈腿以此路為最自然活潑。惟欲姿勢上準確，非苦下工夫，難得其中三昧。

附少林宗法闡微

柔術之派別，習尚甚繁，而要以氣功，為始終之則，神功為造詣之精。究其極致所歸，終以參貫禪機，超脫於恐怖生死之域，而後大敵在前，槍戟在後，心不為之動搖，氣始可以壯往。此所謂泰山壓我側，東海傾我右，心仍泰然處之，若平素也。雖然，是豈易言哉，每見沉心求道之士，平日養氣之言不離於口，靜悟之旨懷之在心，苟一旦臨以稍可駭愕之事，則面目改觀，手足失措，神魂乃振盪出舍，不知歸於無何有之鄉。如是而求其能靜以禦敵，真有戛戛乎其難之勢。

然高尚者且若是，至於一般浮動輕躁者，其氣之易搖，心易亂，乃或芸芸眾生之固有性質。故試舉目而望氣功之微妙變化，空谷中幾無跫然嗣響之音，吾道之所以日益衰也。

氣功之說有二：一養氣，一練氣。養氣而後氣不動，氣不動而後神清，神清而後操縱進退得其宜。如是，始可言命中制敵之方。顧養氣之學，乃聖學之緊要關鍵，豈僅此藐爾柔術所能範圍乎？不過柔術之功用，多在於取敵制勝之中，故於養氣為尤不可緩者，正以此也。

練氣與養氣雖同出一氣之源，覺有虛實動靜及有形無形之別。養氣之學，以道為歸，以集義為宗法。煉氣之法，以運使為效，以呼吸為功，以柔而剛為主旨，以剛而柔為極致。及其妙用，則時剛時柔，半剛半柔；遇虛則柔，遇實則剛；柔退而剛進，剛左而柔右。此所謂剛柔相濟，虛實同進者也。

注曰：以上練氣之說，中有玄妙不可思議，若泛觀之，幾如贅語重疊，無關宏旨，不審此間。有急需注釋者，而精微乃見。否則以文字而墮入玩弄光景之障，則宜嫌詞費耳。今釋之如下。

一、運使

既云練氣，則宜勤於運使，至於運使之法，以馬步為先，又名站步或站樁。以身之上下伸縮為次（如是則腰臂堅強，起落靈捷，將來練習拳法無腰酸腿戰之病），以足掌前後踏地，能站立危狹之處，而推挽不墜為效果。究其練成功時，足二寸在危崖而堅立不能搖動也（足掌前後踏地，須練習久始能。平常人之足，前後不相應，故一推挽即傾跌也）。

以上乃練足之法。蓋以尋常未經練習之人，則多上浮，故上重而下輕；足脛又虛踏而鮮實力，倘一經他人推挽，則無根槁木，隨手即去。此氣之不練所致也。故運使之入手法門，即以馬步為先著。俗云未習打，先練樁，即此意也。苟能於馬步練得好，則氣貫丹田，強若不倒翁，而後一切柔術、單行手法，及宗門拳術，可與日月漸進矣。

初練馬步時，如散懶之人，忽騎乘終日，則腰足背臂必酸痛異常，反覺練過時其力較未練以前，減退殆盡。此名為換力，凡從前之浮力虛氣，必須全行改換。但到此不可畏難，宜猛勇以進。如初夜能站一小時，次夜即加增數分，總以逐漸而進，為最關緊要。又站覺得腿痠難忍，可以稍為休息，其功效總要以兩腿久站不痛，覺氣往丹田，足脛堅強為有得耳。

足既堅矣，則練手尚焉。練手之法，以運使腋力令其氣由肩窩腋下運至指顛。如是而後全身之力，得以貫注乎手。用力久則手足兩心相應，筋骨之血氣，遂活潑凝聚，一任練習之使用無礙也。

二、呼 吸

肺為氣之府，氣乃力之君，故言力萬不能離氣，此古今一定之理。大凡肺強之人，其力必強。肺弱之人，其力必弱。何則？其呼吸之力微也。北派之柔術數十年前，乃有專習練呼吸以增益其氣力者，其成功頗覺可驚。因先本寡力之夫，十年呼吸練習之功，已增至兩手能舉七百數十斤之物。南派則練運使之法多，練習呼吸之法少。蓋以呼吸之功，雖能擴加血氣，有時不慎，反以傷身。後以慧猛禪師挈錫南來，始傳呼吸之妙訣，於是南派亦有練習此術者，但不盛耳。未幾南派以呼吸為練習氣之良術，遂於運使之時，益習呼吸，南派柔術，乃因之一變。茲將慧猛禪師口傳秘訣，記之如下。

呼吸有四忌：

（一）忌初進時太猛。初時呼吸以四十九度為定，後乃緩緩加增。但不可一次呼吸至百度外也。

（二）忌塵煙汙雜之地。宜於清晨或曠寂幽靜之地。晚間練習宜庭外，不可緊閉一室也。

（三）忌呼吸時以口出氣。

初呼時不妨稍以口吐肺胃之惡氣，以三度為止。向後之呼吸，須使氣從鼻孔中出入，方免濁氣侵襲肺部之害。又呼吸時宜用力一氣到底，而後肺袋之漲縮，得以盡吐舊納新之用，而氣力生矣。

（四）忌呼吸時胡思亂想。

大凡人身之氣血，行於虛而滯於實。如思想散馳，氣必凝結障害，久之則成氣痞之病。學者宜慎之。

以上四忌，須謹慎避之，自無後患。迨至成功時，則周身之筋脈靈活，骨肉堅實，血氣行動，可以隨呼吸以為貫注。如欲運氣於指尖、臂膊、胸肋、腰腎之間，意之所動，氣即赴之。倘與人搏，則手足到處，傷及膚裏，不可救療。氣之功用神矣哉。惟萬不可輕於鬥狠。戒之戒之。

洪惠禪師曰：呼吸之功，可以使氣貫周身，故有鼓氣胸肋腹首等處，令人用堅木鐵棍猛擊，而不覺得其痛苦者。由於氣之鼓注包羅故也。但有一處為氣之所不能者，即面部之兩頰處是也。他部雖不痛，此部相反也。

呼吸之術，當時北派最盛，而江西、河南兩派則以長呼短吸為不傳之秘法。河南派則名此為丹田提氣術。江西派則名之為提桶子勁（勁即氣力之俗稱）。究之名雖異，而實則無甚差別。

其法直身兩足平立，先呼出濁氣三口，然後屈腰，以兩手直下而握固提上。其意以為若提攜千斤者然。使氣貫丹田臂指間。迨腰直時，急左右手次第向前衝出，而氣即隨手而出，不可遲緩。惟衝時須發聲喊放，方免意外之病。自此以後，手或向上沖，或左右手分提，仍須屈腰與前同，總以氣血能貫注流通為要也。又向上沖時，覺氣滿腋肋之間。左右分提時，仍伸指出，而握拳歸，儼如千萬斤在手，則丹田之氣不期貫而自貫矣。但提氣時須漸漸而進，有恆不斷，為成功之效果。學者須盡心求之，勿視為小道野術也。

三、剛 柔

柔術雖小道，精而言之，亦如佛釋有上中下三乘之別。三乘維何？即剛柔變化二三者而已。其宗派法門千差萬異。雖各有其專家獨造之功，而剛柔變化之深淺，而上中下三乘，於是判焉。上乘者運柔而成剛，及其至也，不剛不柔，亦柔亦剛；如猝然遇敵，隨機而動，變化無窮。指似柔也，遇之則剛若金錐。身似呆也，變之則捷若猿兔。敵人遇之，其受傷也，亦不知其何以傷；其傾跌也，亦不知其何以傾跌。神龍矯夭，莫測端倪，此技之神者矣。但柔而成剛一段，非朝夕所能奏效。此上乘之技術也。

中乘柔術。所謂有中乘者何？即別於上乘之謂也。其故因學者初學步時，走入外道旁門，不得名師為之傳授指點，流於強使氣力，剛柔無相濟互用之效。或用藥力，或猛力強練手掌臂腿之專技，不辭痛楚，朝夕沖搗蠻習，遂致周身一部分之肌肉氣血，由活動而變為堅凝死塊，或致受他種之痛害。此等人頗覺不少。其與人搏焉，尋常人睹其形狀而生畏懼之心，不敢與較；若遇上乘名家，則以柔術克之，雖剛亦何所用。俗諺云：泰山雖重，其如壓不著我何。此剛多柔少之所以非上乘也。

下乘拳技。術以柔為貴，至於專使蠻野粗劣，出手不知師法，動步全無規則，既昧於呼吸運使之精，復不解剛柔虛實之妙，乃以兩臂血氣之力，習於一拳半腿之方，遂自命個中專家，此下乘之拳技，不得混以柔術稱之。學者所宜明辨也。

中乘之術，不過偏於剛多柔少之弊，然尚有師法，而不難趨入上乘之境界。

惟下乘者無名師益友之指授，日從事於插沙（鄉鄙之拳師，教人木桶盛沙使堅，每日以手指頻頻插之，使指如鐵石）、打樁（打樁者，即用圓木一段釘入地中。每日朝夕用足左右打之。初淺而後次第加深。如打入地中二三尺之樁，則足力所擊，遇之必傷折。此拳師教人練習足力之法。當時潮州嘉應肇慶等處多愛習之）、抓釘（抓釘者，敲打於板壁中，每日用手指抓之，以能抓出最深之釘為功效。如與人鬥，指力到皮膚為之破裂。此亦江西派所最愛練習者也）、磨掌（磨掌之法，每日將掌邊向桌緣幾側等處，頻頻擦摩，至外皮老結堅硬時，再以沙石勤擦，並以桐油等物塗之。總以掌緣堅皮高起，剛硬如鐵為止。故人遇其掌骨斫落，無異金石之器也）之事。究其所到，不過與全未練習之人遇，則頗堪恐怖；如一旦遇柔術名家，鮮有不敗者也。

從此觀之，斯道以剛柔變化，能達於極品者為上乘；剛多柔少，謹守師法者為中乘；至於一拳一技之長，有剛而無柔，徒事於血氣之私者，於斯為下矣。嗟爾後學，可以鑒也。

四、要 說

術既有剛柔之判，而利害亦隨剛柔而相生。練習者須識之於始，慎之於終，而後可以無傷身意外之患。此剛柔之術所宜擇，五要之說所由生焉。

（一）初練習時漸進不可猛進。

大凡平日未經練習之人，或已練習過而因故輟棄太久者，其周身之脈絡筋骨不甚靈活，倘遽爾用力過猛，輕則筋絡有張弛之痛苦，重則臟腑起震裂之大患。數十年來士大夫，皆以練習柔術為規誡。蓋因少年愛習此道者，多罹殘廢與夭折之害。推求其故，實由於不知用力漸進之方，而又好逞血氣鬥搏之事，且以不遇名人，從事於下乘拳技，其受害大可驚歎。定性禪師謂此為長生之術，今練習者，竟與此相背戾。此所謂操術不良，豈斯道之咎也哉。

（二）既得方術，要以恒心赴之，勤敏持之，不可中道停輟也。

萬事皆須有恆，柔術為尤要。吾嘗與人談及此道，愛之者十常八九，惟能始終不懈達成功之境者，千百中難得一人，皆因無恒心所致。大可歎息也。此道朝夕不輟，則三年小成，十年大成，獲畢生之益，無一朝之患。既保一身，又可扶危救弱，而長生猶其餘事也。

（三）練習要節戒色慾及狂飲。

人身之血氣，未鍛鍊則虛浮而無力；既鍛鍊則靈活而易動。倘於斯時不知節制慎守，則全副精華，必有如決江河一潰而不可復之害，反不若不著手練習為佳。此乃人生之大防，不僅為斯道所宜然。爾少年諸生，謹守先聖之古訓，而終身行之者也。

（四）已成功時，要靜氣凝神，涵養謹慎。不可有恃術凌人與好勇鬥狠之事。

吾宗之習練此術，乃有深仇隱痛，存乎其間，念故國山河，已墮披髮為奴之刦；懼筋肉弛廢，勉奮雞鳴舞劍之心。東海可移，此恨難消，磨精煉骨，留以有待。故吾人夙夜孜孜於此，非一人一家之微，假使天不亡漢，成功終有其時。宜默識此意，不可懷一毫凌侮他人之心，為吾宗之罪人也。戒之戒之。

（五）出外遊行時，要謹遵宗法，皈依十戒。傳授他人，亦宜以此誥勉之。

吾宗之術法，雖創始於達摩禪師，而推闡變化以臻厥大成者，則以圓性禪師為首屈一指（師生於晚明，別創擊劍術及十戒規則）至明末諸故老。避難南來，更欲以此為磨礱筋骨之具，斯道乃重放一大光明。

其開始以第一手，以左手握拳，右手拊其背，示反背國仇之意。不知者只以為開手作禮式也。地盤則以踏入中宮，亦為不忘中國之意。凡在外如遇敵欲搏鬥，則先退三步，再進一步半，此為踏入中宮再舉手。如第一式。若敵人係同宗派，停手不交。此為少林最要之宗法，違之則犯大不敬，同人必有以滅除之。十戒之約，始於圓性禪師，後經痛禪上人稍為增易，明不忘祖國也（痛禪上人，即明皇族朱德疇剃度後之名也。上人傳聞係福王之堂叔。後數年復蓄髮往粵西，謀舉兵恢復不成，又復歸少林，旋為人偵悉。謀捕之，上人乃遁於臺灣。依延平王之子，欲有所陳，不聽。遂鬱鬱還至淡水死焉。聞上人柔術最精。當其在梧州時，捕者十餘人，悉被次第拋至街心，上人乃得潛逃出險云）。

跋

彈腿之派別甚多，然可資考證者，厥惟少林十八法中十五式至十八式，龍拳中十四式至十七式，與明代技擊家李半天之腿、許盈之後踢、張舉山之前踢而已。

惟少林腿法，稍嫌其簡。李半天、許盈、張舉山之腿，浸失其傳。求有此中專門而相授受勿替者，莫教門彈腿若也。其法有高踢、矮試二者。高踢即練法，所以舒展筋骨；矮試即用法，所以應變禦敵，是其兼有衛生上、技擊上之功用。吳志青先生，竟將其所傳之秘而表章之，俾學者得窺全豹，有所遵循，其功偉矣。

顧或謂彈腿之彈宜從潭，蓋指腿法出自山東龍潭寺而言，不知是假物體上之客觀而命名也。或又謂潭腿之潭仍宜從彈，蓋指腿法完全為彈性作用而言，不知是本性質上之主觀而命名也。

是其名稱雖各不同，而其理論方法則同，非易所謂天下同歸而殊途耶。學者能無歧視之心，斯術始有普及之效。余校先生科學化的國術畢，復以茲書相囑。因不揣簡陋，略志其顛末。

中華民國十八年一月　廣濟　呂光華

書於中央國術館

中華民國十九年七月印刷
中華民國十九年八月初版

教門彈腿（全一冊）

△（定價大洋六角）
外埠酌加郵費匯費

編者　吳志青

發行者　大東書局

印刷所　大東書局　上海北福建路二號

總發行所　大東書局　上海四馬路中市

分發行所　徐州　濟寧　哈爾濱　漢口　長沙　南京　廣州　梧州　北平　汕頭　天津　大東書局

太極武術教學光碟

太極功夫扇
五十二式太極扇
演示：李德印 等
(2VCD)中國

夕陽美太極功夫扇
五十六式太極扇
演示：李德印 等
(2VCD)中國

陳氏太極拳及其技擊法
演示：馬虹(10VCD)中國
陳氏太極拳勁道釋秘
拆拳講勁
演示：馬虹(8DVD)中國
推手技巧及功力訓練
演示：馬虹(4VCD)中國

陳氏太極拳新架一路
演示：陳正雷(1DVD)中國
陳氏太極拳新架二路
演示：陳正雷(1DVD)中國
陳氏太極拳老架一路
演示：陳正雷(1DVD)中國
陳氏太極拳老架二路
演示：陳正雷(1DVD)中國
陳氏太極推手
演示：陳正雷(1DVD)中國
陳氏太極單刀・雙刀
演示：陳正雷(1DVD)中國

郭林新氣功
(8DVD)中國

本公司還有其他武術光碟
歡迎來電詢問或至網站查詢
電話：02-28236031
網址：www.dah-jaan.com.tw

原版教學光碟

歡迎至本公司購買書籍

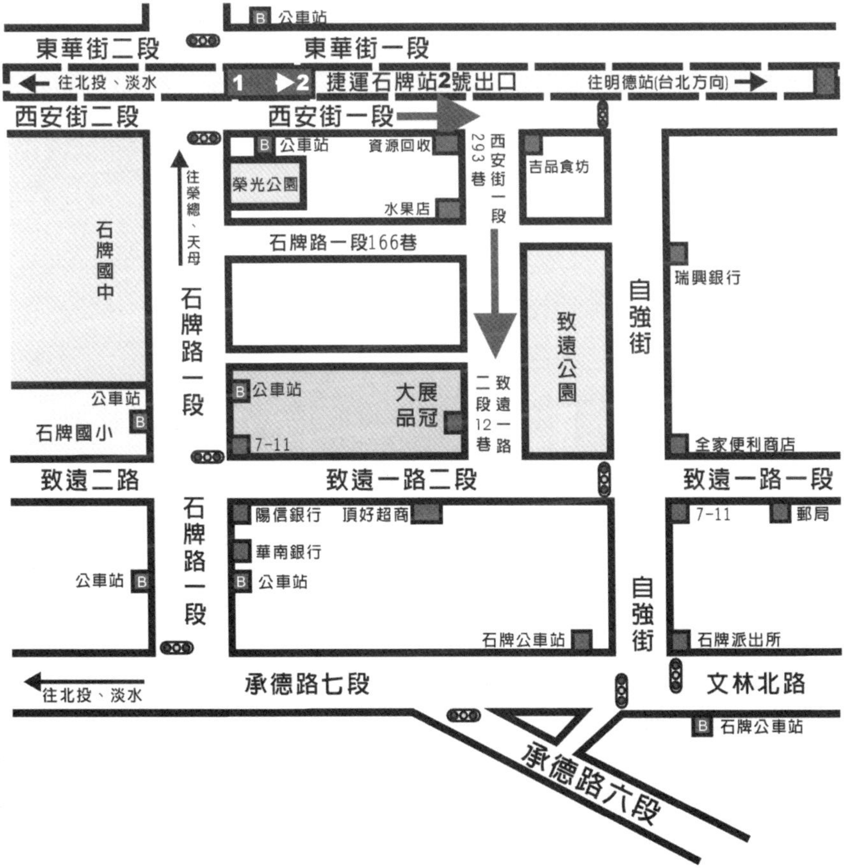

建議路線

1.搭乘捷運．公車

淡水線石牌站下車，由石牌捷運站２號出口出站(出站後靠右邊)，沿著捷運高架往台北方向走(往明德站方向)，其街名為西安街，約走100公尺(勿超過紅綠燈)，由西安街一段293巷進來(巷口有一公車站牌，站名為自強街口)，本公司位於致遠公園對面。搭公車者請於石牌站(石牌派出所)下車，走進自強街，遇致遠路口左轉，右手邊第一條巷子即為本社位置。

2.自行開車或騎車

由承德路接石牌路，看到陽信銀行右轉，此條即為致遠一路二段，在遇到自強街(紅綠燈)前的巷子(致遠公園)左轉，即可看到本公司招牌。

國家圖書館出版品預行編目資料

教門彈腿圖說／吳志青　著
——初版——臺北市，大展，2014[民103.09]
面；21公分——（老拳譜新編；20）
ISBN 978-986-346-035-0（平裝）
1.武術　2.中國
528.97　　　　　　　　103013291

教門彈腿圖說

著　　者／吳　志　青
責任編輯／王　躍　平
校 點 者／常　學　剛
發 行 人／蔡　森　明
出 版 者／大展出版社有限公司
社　　址／台北市北投區（石牌）致遠一路2段12巷1號
電　　話／(02) 28236031・28236033・28233123
傳　　真／(02) 28272069
郵政劃撥／01669551
網　　址／www.dah-jaan.com.tw
E-mail／service@dah-jaan.com.tw
登 記 證／局版臺業字第2171號
承 印 者／傳興印刷有限公司
裝　　訂／承安裝訂有限公司
排 版 者／千兵企業有限公司
授 權 者／山西科學技術出版社
初版1刷／2014年（民103年）9月

定　價／180元

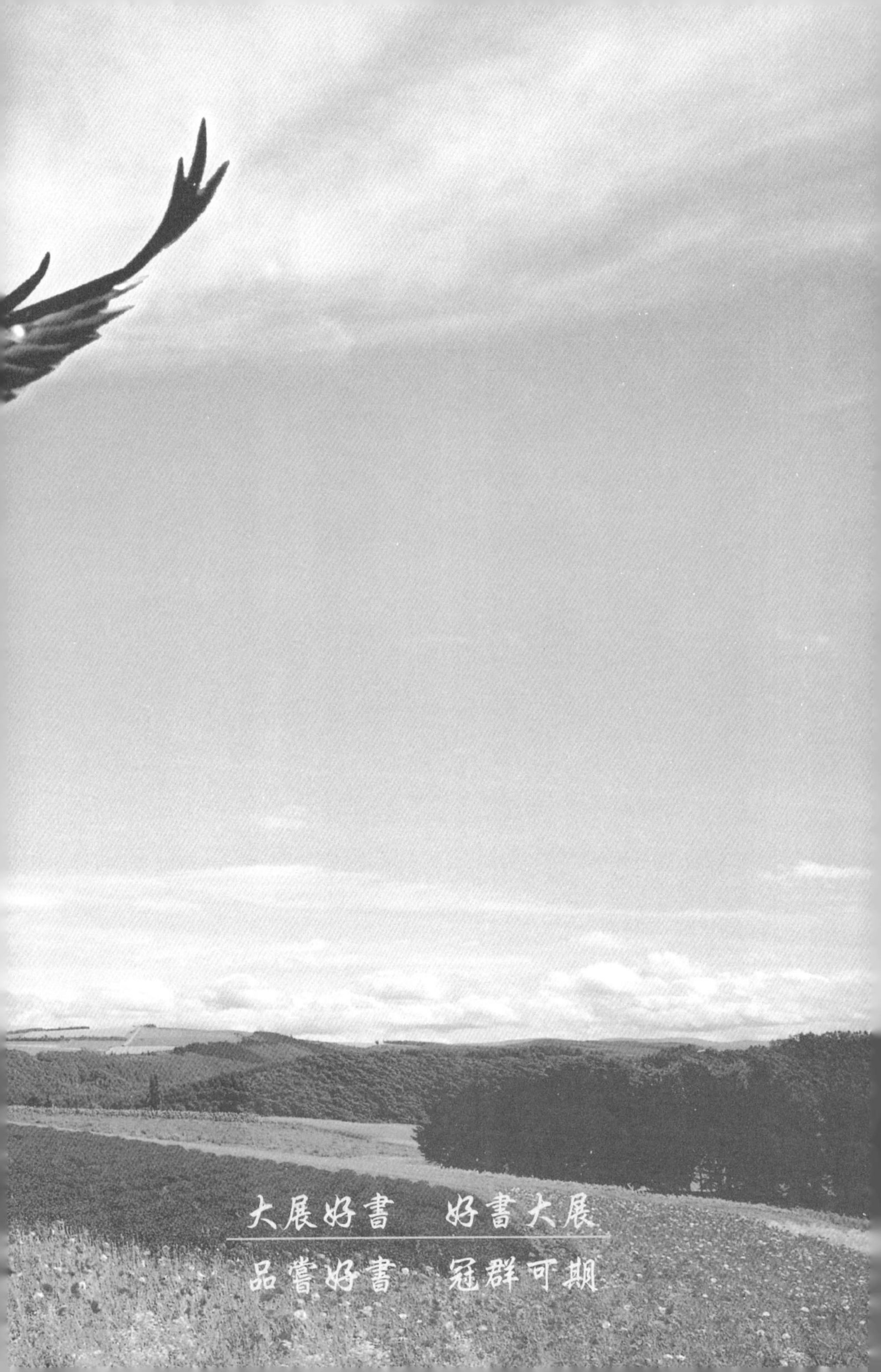
大展好書　好書大展
品嘗好書　冠群可期

大展好書　好書大展
品嘗好書　冠群可期